KB192961

大方廣佛華嚴經 讀誦

5

✿ 일러두기

1. 『독송본 한문·한글역 대방광불화엄경』은 실차난타가 한역(695~699)한 80권 『대방광불화엄경』의 한문 원문과 한글역을 함께 수록한 것이다. 한문에는 음사와 현토를 부기하였다.

2. 원문의 저본은 고종 2년(1865) 월정사에서 인경한 고려대장경 『대방광불화엄경』에 한암 스님이 현토(1949년)한 것을 범룡 스님이 영인 출판(1990년)한 『대방광불화엄경』이다.

3. 한문은 저본에서 누락되었거나 글자가 다르다고 판단된 부분은 저본인 고려대장경 각권의 말미에 교감되어 있는 내용을 중심으로 하고 봉은사판 『대방광불화엄경수소연의초』와 신수대장경 각주에서 밝힌 교감본을 참조하여 보입하고 수정하였다.

4. 한글 번역은 동국역경원에서 발간한 한글 『대방광불화엄경』(운허)을 중심으로 하고 『신화엄경합론』(탄허)과 『대방광불화엄경 강설』(여천무비) 그리고 최근의 여타 번역본 등을 참조하였다.

5. 저본의 원문에서 이체자의 경우 훈글이 제공하는 이체자는 그대로 살리고 훈글이 제공하지 않는 글자는 통용되는 정자로 바꾸었다. 예) 閒 → 間 / 焔 → 燄 / 宮 → 宮 / 儞 → 稱

6. 한글 번역은 독송과 사경을 위하여 정확성과 아울러 가독성을 고려하였다. 극존칭은 부처님과 불경계에 대해서만 사용하였다.

7. 독송본의 차례는 일러두기 → 본문 → 화엄경 목차 → 간행사의 순차이다.
   (법공양판에는 간행사 다음에 간행불사 동참자를 밝혀 두었다.)

8. 독송본의 한글역은 사경의 편의를 도모하기 위해 그 편집을 달리하여 『사경본 한글역 대방광불화엄경』으로 함께 간행한다. 독송본과 사경본 모두 80권 『대방광불화엄경』의 권별 목차 순으로 간행한다.

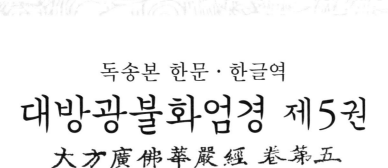

독송본 한문·한글역

대방광불화엄경 제5권
大方廣佛華嚴經 卷第五

1. 세주묘엄품 [5]
世主妙嚴品　第一之五

실차난타 한역
수미해주 한글역

5

大方廣佛華嚴經第五卷變相

대방광불화엄경 제5권 변상도

대방광불화엄경
제5권

1. 세주묘엄품 [5]

대방광불화엄경 권제오
大方廣佛華嚴經　卷第五

세주묘엄품　제일지오
世主妙嚴品　第一之五

부차 보현 보살 마 하 살　　입 부 사 의 해 탈 문 방
復次普賢菩薩摩訶薩은 **入不思議解脫門方**

편 해　　　입 여 래 공 덕 해　　　소 위 유 해 탈 문
便海하며 **入如來功德海**하니라 **所謂有解脫門**하니

명 엄 정 일 체 불 국 토　　　조 복 중 생　　　영 구 경
名嚴淨一切佛國土하야 **調伏衆生**하야 **令究竟**

출 리　　유 해 탈 문　　　명 보 예 일 체 여 래 소
出離며 **有解脫門**하니 **名普詣一切如來所**하야

대방광불화엄경 제5권

1. 세주묘엄품 [5]

또 보현보살마하살은 부사의한 해탈문의 방편 바다에 들어갔으며 여래의 공덕바다에 들어갔다.

이른바 해탈문이 있으니 이름이 일체 부처님의 국토를 깨끗하게 장엄하고 중생들을 조복하여 끝까지 벗어나게 함이며, 해탈문이 있으니 이름이 일체 여래의 처소에 널리 나아가 공

수구족공덕경계　유해탈문　명안립일체
修具足功德境界며 有解脫門하니 名安立一切

보살지제대원해　유해탈문　명보현법계
菩薩地諸大願海며 有解脫門하니 名普現法界

미진수무량신　유해탈문　명연설변일
微塵數無量身이며 有解脫門하니 名演說徧一

체국토　불가사의수차별명　유해탈문　명
切國土한 不可思議數差別名이며 有解脫門하니 名

일체미진중　실현무변제보살신통경계
一切微塵中에 悉現無邊諸菩薩神通境界며

유해탈문　명일념중　현삼세겁성괴사
有解脫門하니 名一念中에 現三世劫成壞事며

유해탈문　명시현일체보살제근해　각입
有解脫門하니 名示現一切菩薩諸根海가 各入

자경계　유해탈문　명능이신통력　화
自境界며 有解脫門하니 名能以神通力으로 化

덕의 경계를 닦아서 구족하게 함이며, 해탈문이 있으니 이름이 일체 보살의 지위와 모든 큰 서원바다를 안립함이다.

해탈문이 있으니 이름이 법계의 티끌 수 같은 한량없는 몸을 널리 나타냄이며, 해탈문이 있으니 이름이 일체 국토에 두루하는 불가사의한 수의 차별한 이름을 연설함이며, 해탈문이 있으니 이름이 일체 티끌 가운데 가없는 모든 보살의 신통경계를 다 나타냄이며, 해탈문이 있으니 이름이 한순간에 삼세 겁 동안 이루어지고 무너지는 일을 나타냄이다.

해탈문이 있으니 이름이 일체 보살의 모든

현종종신　변무변법계　유해탈문　명
現種種身하야 徧無邊法界며 有解脫門하니 名

현시일체보살　수행법차제문　입일체지
顯示一切菩薩의 修行法次第門으로 入一切智

광대방편
廣大方便이니라

이시　보현보살마하살　이자공덕　부승
爾時에 普賢菩薩摩訶薩이 以自功德으로 復承

여래위신지력　보관일체중회해이　즉
如來威神之力하야 普觀一切衆會海已하고 卽

설송언
說頌言하니라

근의 바다가 각각 자신의 경계에 들어감을 나타내 보임이며, 해탈문이 있으니 이름이 능히 신통력으로 갖가지 몸을 화현하여 가없는 법계에 두루함이며, 해탈문이 있으니 이름이 일체 보살의 수행하는 법과 차례의 문을 나타내 보여 일체지의 광대한 방편에 들어감이다.

그 때에 보현보살마하살이 자신의 공덕으로 다시 여래의 위신력을 받들어, 널리 일체 대중 모임바다를 살펴보고 나서 게송을 설하여 말씀하였다.

불소장엄광대찰
佛所莊嚴廣大刹이

등어일체미진수
等於一切微塵數어늘

청정불자실만중
淸淨佛子悉滿中하야

우부사의최묘법
雨不思議最妙法이로다

여어차회견불좌
如於此會見佛坐하야

일체진중실여시
一切塵中悉如是하니

불신무거역무래
佛身無去亦無來호대

소유국토개명현
所有國土皆明現이로다

현시보살소수행
顯示菩薩所修行인

무량취지제방편
無量趣地諸方便하시며

급설난사진실리
及說難思眞實理하사

영제불자입법계
令諸佛子入法界로다

부처님께서 장엄하신 광대한 세계가
일체 미세한 티끌 수와 같은데
청정한 불자들이 그 안에 가득하여
부사의하고 가장 미묘한 법을 비 내리도다.

이 모임에 부처님께서 앉아계심을 보듯이
일체 티끌 중에도 다 그러하니
부처님 몸은 감도 없고 옴도 없으시되
있는 바 국토에 다 밝게 나타나시도다.

보살의 수행하는 바인
지위에 나아가는 한량없는 모든 방편을 나타내 보이시며
생각하기 어려운 진실한 이치를 설하셔서
모든 불자들을 법계에 들어가게 하시도다.

출생화불여진수
出生化佛如塵數하사

보응군생심소욕
普應群生心所欲하시며

입심법계방편문
入深法界方便門하사

광대무변실개연
廣大無邊悉開演이로다

여래명호등세간
如來名号等世間하사

시방국토실충변
十方國土悉充徧이라

일체방편무공과
一切方便無空過하사

조복중생개이구
調伏衆生皆離垢로다

불어일체미진중
佛於一切微塵中에

시현무변대신력
示現無邊大神力하사

실좌도량능연설
悉坐道場能演說하사대

여불왕석보리행
如佛往昔菩提行이로다

화신 부처님을 나타내심이 티끌 수와 같아서

중생들 마음의 하고자 하는 것에 널리 응하시며

깊은 법계의 방편문에 들어가셔서

광대하고 가없이 다 연설하시도다.

여래의 명호가 세간과 같아서

시방 국토에 다 충만하심이라

일체 방편이 헛됨이 없어서

중생들을 조복하여 다 때를 여의게 하시도다.

부처님께서 일체 미진 가운데

가없는 큰 신통의 힘을 나타내 보이셔서

다 도량에 앉아 연설하시되

부처님의 지난 옛적 보리행과 같게 하시도다.

삼세소유광대겁
三世所有廣大劫을

불염념중개시현
佛念念中皆示現하사

피제성괴일체사
彼諸成壞一切事를

부사의지무불료
不思議智無不了로다

불자중회광무한
佛子衆會廣無限이여

욕공측량제불지
欲共測量諸佛地호대

제불법문무유변
諸佛法門無有邊하야

능실요지심위난
能悉了知甚爲難이로다

불여허공무분별
佛如虛空無分別하시며

등진법계무소의
等眞法界無所依하사대

화현주행미부지
化現周行靡不至하사

실좌도량성정각
悉坐道場成正覺이로다

삼세에 있는 바 광대한 겁을
부처님께서 생각생각 가운데 다 나타내 보이셔서
저 모든 이루어지고 무너지는 일체의 일을
부사의한 지혜로 요달하지 못함이 없으시도다.

불자들의 대중모임이 넓고 한없음이여
함께 모든 부처님 지위를 측량하고자 하되
모든 부처님의 법문은 끝이 없으셔서
능히 다 요달해 알기는 매우 어렵도다.

부처님은 허공과 같아서 분별이 없으시며
진여법계와 같아서 의지하는 바가 없으시되
화현으로 두루 다녀 이르지 않음이 없으셔서
도량에 다 앉아 정각을 이루시도다.

불이묘음광선창
佛以妙音廣宣暢하사대

일체제지개명료
一切諸地皆明了하야

보현일일중생전
普現一一衆生前하사

진여여래평등법
盡與如來平等法이로다

부차정덕묘광보살마하살   득변왕시방보
復次淨德妙光菩薩摩訶薩은 得徧往十方菩

살중회   장엄도량해탈문   보덕최승등
薩衆會하야 莊嚴道場解脫門하고 普德最勝燈

광조보살마하살   득일념중   현무진성정
光照菩薩摩訶薩은 得一念中에 現無盡成正

각문   교화성숙부사의중생계해탈문
覺門하야 教化成熟不思議衆生界解脫門하고

보광사자당보살마하살   득수습보살복
普光師子幢菩薩摩訶薩은 得修習菩薩福

부처님께서 미묘한 음성으로 널리 말씀하시되
일체 모든 지위를 다 밝게 요달하시어
낱낱 중생 앞에 널리 나타나셔서
여래의 평등한 법을 다 주시도다.

또 정덕묘광 보살마하살은 시방의 보살 대
중모임에 두루 가서 도량을 장엄하는 해탈문
을 얻었고, 보덕최승등광조 보살마하살은 한
생각 중에 다함없는 정각 이루는 문을 나타내
어 부사의한 중생계를 교화하고 성숙하게 하
는 해탈문을 얻었고, 보광사자당 보살마하살
은 보살의 복덕을 닦아서 일체 부처님 국토를

德하야 莊嚴出生一切佛國土解脫門하고 普寶

燄妙光菩薩摩訶薩은 得觀察佛神通境界하야

無迷惑解脫門하고 普音功德海幢菩薩摩訶

薩은 得於一衆會道場中에 示現一切佛土莊

嚴解脫門하고 普智光照如來境菩薩摩訶薩은 得

隨逐如來하야 觀察甚深廣大法界藏解脫門하고

普覺悅意聲菩薩摩訶薩은 得親近承事一切

佛供養藏解脫門하고 普淸淨無盡福威光菩薩

장엄하여 나타내는 해탈문을 얻었다.

보보염묘광 보살마하살은 부처님의 신통 경계를 관찰하여 미혹이 없는 해탈문을 얻었고, 보음공덕해당 보살마하살은 한 대중모임의 도량 중에서 일체 부처님 국토의 장엄을 나타내 보이는 해탈문을 얻었고, 보지광조여래경 보살마하살은 여래를 따라서 매우 깊고 광대한 법계장을 관찰하는 해탈문을 얻었고, 보각열의성 보살마하살은 일체 부처님을 친근하고 받들어 섬기는 공양장의 해탈문을 얻었다.

보청정무진복위광 보살마하살은 일체 신통변화를 내어서 넓고 크게 가지하는 해탈문을

마하살 　 득출생일체신변 　 광대가지해탈
摩訶薩은 得出生一切神變하야 廣大加持解脫

문 　 보보계화당보살마하살 　 득보입일체
門하고 普寶髻華幢菩薩摩訶薩은 得普入一切

세간행 　 출생보살무변행문해탈문 　 보
世間行하야 出生菩薩無邊行門解脫門하고 普

상최승광보살마하살 　 득능어무상법계중
相最勝光菩薩摩訶薩은 得能於無相法界中에

출현일체제불경계해탈문
出現一切諸佛境界解脫門하니라

이시 　 정덕묘광보살마하살 　 승불위력
爾時에 淨德妙光菩薩摩訶薩이 承佛威力하야

보관일체보살해탈문해이 　 즉설송언
普觀一切菩薩解脫門海已하고 卽說頌言하니라

얻었고, 보보계화당 보살마하살은 일체 세간의 행에 널리 들어가서 보살의 가없는 행의 문을 내는 해탈문을 얻었고, 보상최승광 보살마하살은 능히 모양 없는 법계 중에서 일체 모든 부처님의 경계를 출현하는 해탈문을 얻었다.

그 때에 정덕묘광 보살마하살이 부처님의 위신력을 받들어 일체 보살의 해탈문바다를 널리 살펴보고 나서 게송을 설하여 말씀하였다.

시방소유제국토
十方所有諸國土를

일찰나중실엄정
一刹那中悉嚴淨하고

이묘음성전법륜
以妙音聲轉法輪하사

보변세간무여등
普徧世間無與等이로다

여래경계무변제
如來境界無邊際라

일념법계실충만
一念法界悉充滿하사

일일진중건도량
一一塵中建道場하야

실증보리기신변
悉證菩提起神變이로다

세존왕석수제행
世尊往昔修諸行에

경어백천무량겁
經於百千無量劫토록

일체불찰개장엄
一切佛刹皆莊嚴하사

출현무애여허공
出現無礙如虛空이로다

시방에 있는 모든 국토를

한 찰나에 모두 깨끗이 장엄하시고

미묘한 음성으로 법륜을 굴리셔서

널리 세간에 두루하시어 더불어 같을 이 없도다.

여래의 경계는 끝이 없으셔서

한순간 법계에 다 충만하시고

낱낱 티끌 가운데 도량을 건립하시어

모두 보리를 증득하고 신통변화를 일으키시도다.

세존께서 지난 옛적 수행하시어

한량없는 백천 겁이 지나도록

일체 부처님 세계를 다 장엄하셔서

걸림 없이 출현하심이 허공과 같도다.

불신통력무한량
佛神通力無限量이여

충만무변일체겁
充滿無邊一切劫하시니

가사경어무량겁
假使經於無量劫이라도

염념관찰무피염
念念觀察無疲厭이로다

여응관불신통경
汝應觀佛神通境하라

시방국토개엄정
十方國土皆嚴淨하사

일체어차실현전
一切於此悉現前호대

염념부동무량종
念念不同無量種이로다

관불백천무량겁
觀佛百千無量劫이라도

부득일모지분한
不得一毛之分限이라

여래무애방편문
如來無礙方便門이여

차광보조난사찰
此光普照難思刹이로다

부처님의 신통력이 한량없음이여
가없는 일체 겁에 충만하시니
가사 한량없는 겁을 지날지라도
생각생각 관찰하여 피로해하거나 싫어함이 없으시도다.

그대들은 응당 부처님의 신통 경계를 관하라
시방의 국토를 다 깨끗이 장엄하셔서
일체를 여기에 모두 나타내시되
생각생각 같지 아니하여 한량없는 종류로다.

부처님을 한량없는 백천 겁 동안 관해보아도
한 털끝만 한 분한도 얻을 수 없음이라
여래의 걸림 없는 방편문이시여
이 광명이 사의하기 어려운 세계를 널리 비추시도다.

여래왕겁재세간
如來往劫在世間하사

승사무변제불해
承事無邊諸佛海실새

시고일체여천무
是故一切如川鷲하야

함래공양세소존
咸來供養世所尊이로다

여래출현변시방
如來出現徧十方의

일일진중무량토
一一塵中無量土하시니

기중경계개무량
其中境界皆無量하야

실주무변무진겁
悉住無邊無盡劫이로다

불어낭겁위중생
佛於曩劫爲衆生하사

수습무변대비해
修習無邊大悲海라

수제중생입생사
隨諸衆生入生死하사

보화중회영청정
普化衆會令清淨이로다

여래께서 지난 겁 동안 세간에 계셔서
가없는 모든 부처님을 받들어 섬기셨으니
그러므로 일체가 냇물처럼 달려
모두 와서 세존께 공양 올리도다.

여래께서 온 시방의
낱낱 티끌 중 한량없는 국토에 출현하시니
그 가운데 경계도 모두 한량없어서
가없고 다함없는 겁에 다 머무시도다.

부처님께서 지난 겁에 중생들을 위하시어
가없는 대비바다를 닦으심이라
모든 중생들을 따라 생사에 들어가셔서
회중들을 널리 교화하여 청정하게 하시도다.

불주진여법계장
佛住眞如法界藏하사

무상무형이제구
無相無形離諸垢하시대

중생관견종종신
衆生觀見種種身하고

일체고난개소멸
一切苦難皆消滅이로다

부차해월광대명보살마하살
復次海月光大明菩薩摩訶薩은

득출생보살
得出生菩薩의

제지제바라밀
諸地諸波羅蜜하야

교화중생
教化衆生하며

급엄정일체
及嚴淨一切

불국토방편해탈문
佛國土方便解脫門하고

운음해광이구장보
雲音海光離垢藏菩

살마하살
薩摩訶薩은

득염념중
得念念中에

보입법계종종차별
普入法界種種差別

처해탈문
處解脫門하고

지생보계보살마하살
智生寶髻菩薩摩訶薩은

득불가
得不可

부처님께서 진여의 법계장에 머무시어

모양 없고 형상 없고 모든 번뇌도 여의셨으되

중생들이 갖가지 몸을 관해 보고

일체 고난을 다 소멸하도다.

또 해월광대명 보살마하살은 보살의 모든 지위와 모든 바라밀을 출생하여 중생들을 교화하며 일체 부처님 국토를 깨끗이 장엄하는 방편의 해탈문을 얻었고, 운음해광이구장 보살마하살은 생각생각 가운데서 법계의 갖가지 차별한 곳에 널리 들어가는 해탈문을 얻었고, 지생보계 보살마하살은 불가사의한 겁 동안 일체 중생 앞에 청정하고 큰 공덕을 나타내는

사의겁　어일체중생전　현청정대공덕해
思議劫에 於一切衆生前에 現淸淨大功德解

탈문　공덕자재왕정광보살마하살　득보
脫門하고 功德自在王淨光菩薩摩訶薩은 得普

견시방일체보살　초예도량시　종종장엄
見十方一切菩薩의 初詣道場時에 種種莊嚴

해탈문　선용맹연화계보살마하살　득수
解脫門하고 善勇猛蓮華髻菩薩摩訶薩은 得隨

제중생근해해　보위현시일체불법해탈
諸衆生根解海하야 普爲顯示一切佛法解脫

문　보지운일당보살마하살　득성취여래
門하고 普智雲日幢菩薩摩訶薩은 得成就如來

지　영주무량겁해탈문　대정진금강제
智하야 永住無量劫解脫門하고 大精進金剛臍

보살마하살　득보입일체무변법인력해탈
菩薩摩訶薩은 得普入一切無邊法印力解脫

해탈문을 얻었다.

공덕자재왕정광 보살마하살은 시방의 일체 보살이 처음 도량에 나아갈 때 갖가지 장엄을 널리 보는 해탈문을 얻었고, 선용맹연화계 보살마하살은 모든 중생들의 근성과 이해바다를 따라서 널리 일체 부처님 법을 나타내 보이는 해탈문을 얻었고, 보지운일당 보살마하살은 여래의 지혜를 성취하여 한량없는 겁 동안 길이 머무르는 해탈문을 얻었고, 대정진금강제 보살마하살은 일체 가없는 법인의 힘에 널리 들어가는 해탈문을 얻었다.

향염광당 보살마하살은 현재의 일체 부처님

문   향염광당보살마하살   득현시현재일
門하고 香燄光幢菩薩摩訶薩은 得顯示現在一

체불   시수보살행   내지성취지혜취해탈
切佛의 始修菩薩行과 乃至成就智慧聚解脫

문   대명덕심미음보살마하살   득안주비
門하고 大明德深美音菩薩摩訶薩은 得安住毗

로자나   일체대원해해탈문   대복광지생
盧遮那의 一切大願海解脫門하고 大福光智生

보살마하살   득현시여래   변법계심심경
菩薩摩訶薩은 得顯示如來의 徧法界甚深境

계해탈문
界解脫門하니라

이시   해월광대명보살마하살   승불위력
爾時에 海月光大明菩薩摩訶薩이 承佛威力하야

보관일체보살중장엄해이   즉설송언
普觀一切菩薩衆莊嚴海已하고 卽說頌言하니라

께서 처음 보살행을 닦으심과 내지 지혜의 무더기를 성취하심을 나타내 보이는 해탈문을 얻었고, 대명덕심미음 보살마하살은 비로자나의 일체 대원바다에 안주하는 해탈문을 얻었고, 대복광지생 보살마하살은 여래께서 법계에 두루하시는 매우 깊은 경계를 나타내 보이는 해탈문을 얻었다.

그 때에 해월광대명 보살마하살이 부처님의 위신력을 받들어 일체 보살 대중의 장엄바다를 널리 살펴보고 나서 게송을 설하여 말씀하였다.

제 바라밀 급 제 지
諸波羅蜜及諸地가

광 대 난 사 실 원 만
廣大難思悉圓滿하사

무 량 중 생 진 조 복
無量衆生盡調伏하시며

일 체 불 토 개 엄 정
一切佛土皆嚴淨이로다

여 불 교 화 중 생 계
如佛敎化衆生界하사대

시 방 국 토 개 충 만
十方國土皆充滿하야

일 념 심 중 전 법 륜
一念心中轉法輪하사

보 응 군 정 무 불 변
普應群情無不徧이로다

불 어 무 량 광 대 겁
佛於無量廣大劫에

보 현 일 체 중 생 전
普現一切衆生前하사

여 기 왕 석 광 수 치
如其往昔廣修治하야

시 피 소 행 청 정 처
示彼所行淸淨處로다

모든 바라밀과 모든 지위가

광대하고 생각하기 어려움을 다 원만히 하셔서

한량없는 중생들을 다 조복하시며

일체 불국토를 모두 깨끗이 장엄하시도다.

부처님께서 중생계를 교화하시되

시방 국토에 다 충만하시듯

한 생각 마음속에서 법륜을 굴리셔서

널리 중생들의 뜻에 맞춰 두루하지 않음이 없으시도다.

부처님께서 한량없고 광대한 겁 동안

일체 중생 앞에 널리 나타나셔서

지난 옛적 널리 수행하신 것과 같이

그들에게 행하신 청정한 곳을 보이시도다.

아 도 시 방 무 유 여
我觀十方無有餘하며

역 견 제 불 현 신 통
亦見諸佛現神通하사

실 좌 도 량 성 정 각
悉坐道場成正覺하시니

중 회 문 법 공 위 요
衆會聞法共圍遶로다

광 대 광 명 불 법 신
廣大光明佛法身이여

능 이 방 편 현 세 간
能以方便現世間하사

보 수 중 생 심 소 락
普隨衆生心所樂하야

실 칭 기 근 이 우 법
悉稱其根而雨法이로다

진 여 평 등 무 상 신
眞如平等無相身이요

이 구 광 명 정 법 신
離垢光明淨法身이라

지 혜 적 정 신 무 량
智慧寂靜身無量하사

보 응 시 방 이 연 법
普應十方而演法이로다

17

나는 시방을 남김없이 다 보며
또한 모든 부처님께서 신통을 나타내시어
다 도량에 앉아 정각을 이루시니
회중들이 법을 들으려 함께 둘러싸 있음을 보도다.

광대한 광명의 부처님 법신이시여
능히 방편으로 세간에 나타나셔서
널리 중생들의 마음에 즐기는 바를 따르시어
그 근기에 다 맞추어 법을 비 내리시도다.

진여는 평등하고 모양 없는 몸이요
때를 여읜 광명은 청정한 법신이라
지혜는 적정하나 몸은 한량이 없으셔서
널리 시방에 응하여 법을 연설하시도다.

법왕제력개청정
法王諸力皆清淨하사

지혜여공무유변
智慧如空無有邊이라

실위개시무유은
悉爲開示無遺隱하사

보사중생동오입
普使衆生同悟入이로다

여불왕석소수치
如佛往昔所修治와

내지성어일체지
乃至成於一切智하야

금방광명변법계
今放光明徧法界하야

어중현현실명료
於中顯現悉明了로다

불이본원현신통
佛以本願現神通하사

일체시방무부조
一切十方無不照하시니

여불왕석수치행
如佛往昔修治行하야

광명망중개연설
光明網中皆演說이로다

법왕의 모든 힘은 다 청정하시고
지혜는 허공 같아서 끝이 없음이라
모두 열어 보여 숨김이 없으셔서
널리 중생들에게 같이 깨달아 들게 하시도다.

부처님께서 지난 옛적에 수행하신 바와
내지 일체지를 이루심과 같이
지금 광명을 놓아 법계에 두루하시어
그 가운데 모두 명료하게 나타내시도다.

부처님께서 본원으로 신통을 나타내셔서
일체 시방에 비추지 않음이 없으시니
부처님께서 지난 옛적 수행하신 것처럼
광명 그물 속에서 다 연설하시도다.

시방경계무유진　　　　　무등무변각차별
十方境界無有盡하야　　無等無邊各差別이어늘

불무애력발대광　　　　　일체국토개명현
佛無礙力發大光하사　　一切國土皆明顯이로다

이시　　여래사자지좌　　중보묘화　　윤대기
爾時에　如來師子之座의　衆寶妙華와　輪臺基

폐　　급제호유　　여시일체장엄구중　　일일각
陛와　及諸戶牖의　如是一切莊嚴具中에　一一各

출불찰미진수보살마하살
出佛刹微塵數菩薩摩訶薩하니라

기명왈해혜자재신통왕보살마하살　　　뇌음
其名曰海慧自在神通王菩薩摩訶薩과　雷音

보진보살마하살　　중보광명계보살마하살
普震菩薩摩訶薩과　衆寶光明髻菩薩摩訶薩과

시방의 경계는 다함이 없어서
같음도 없고 끝도 없어 각각 차별하거늘
부처님께서 걸림 없는 힘으로 큰 광명을 놓으셔서
일체 국토에 다 밝게 나타내시도다.

그 때에 여래 사자좌의 온갖 보배로 된 미묘
한 꽃과 윤대와 기단과 섬돌과 그리고 모든 창
문의 이러한 일체 장엄구 가운데서 낱낱이 각
각 부처님 세계의 미진수 같은 보살마하살들
이 나왔다.

그들의 이름은 해혜자재신통왕 보살마하살
과 뇌음보진 보살마하살과 중보광명계 보살마
하살과 대지일용맹혜 보살마하살과 부사의공

대지일용맹혜보살마하살　부사의공덕보
大智日勇猛慧菩薩摩訶薩과　不思議功德寶

지인보살마하살　백목연화계보살마하살
智印菩薩摩訶薩과　百目蓮華髻菩薩摩訶薩과

금염원만광보살마하살　법계보음보살마
金燄圓滿光菩薩摩訶薩과　法界普音菩薩摩

하살　운음정월보살마하살　선용맹광명
訶薩과　雲音淨月菩薩摩訶薩과　善勇猛光明

당보살마하살　여시등　이위상수　유
幢菩薩摩訶薩이라　如是等이　而爲上首하야　有

중다불찰미진수　동시출현
衆多佛刹微塵數가　同時出現하니라

차제보살　각흥종종공양운　소위일체마
此諸菩薩이　各興種種供養雲하니　所謂一切摩

니보화운　일체연화묘향운　일체보원만
尼寶華雲과　一切蓮華妙香雲과　一切寶圓滿

덕보지인 보살마하살과 백목연화계 보살마하살과 금염원만광 보살마하살과 법계보음 보살마하살과 운음정월 보살마하살과 선용맹광명당 보살마하살이었다. 이러한 보살들이 상수가 되어 수많은 부처님 세계 미진수 같은 이들이 동시에 출현하였다.

이 모든 보살들이 각각 갖가지 공양구름을 일으키니, 이른바 일체 마니보배 꽃구름과, 일체 연꽃의 묘한 향기구름과, 일체 보배의 원만한 광명구름과, 가없는 경계의 향기 나는 불꽃구름과, 일장마니의 바퀴 같은 광명구름과, 일체 마음을 기쁘게 하는 음악소리구름과, 가

광운　　무변경계향염운　　일장마니륜광명
光雲과 無邊境界香燄雲과 日藏摩尼輪光明

운　　일체열의악음운　　무변색상일체보등
雲과 一切悅意樂音雲과 無邊色相一切寶燈

광염운　　중보수지화과운　　무진보청정광
光燄雲과 衆寶樹枝華果雲과 無盡寶淸淨光

명마니왕운　　일체장엄구마니왕운　　여시
明摩尼王雲과 一切莊嚴具摩尼王雲이라 如是

등제공양운　　유불세계미진수
等諸供養雲이 有佛世界微塵數니라

피제보살　　일일개흥여시공양운　　우어일
彼諸菩薩이 一一皆興如是供養雲하사 雨於一

체도량중해　　상속부절　　현시운이　　우
切道場衆海하야 相續不絶하니라 現是雲已에 右

요세존　　경무량백천잡　　수기방면　　거
遶世尊하야 經無量百千帀하며 隨其方面하야 去

없는 색상의 일체 보배등불광명 불꽃구름과, 온갖 보배 나뭇가지의 꽃 열매구름과, 다함없는 보배의 청정한 광명 마니왕구름과, 일체 장엄구의 마니왕구름이었다. 이와 같은 모든 공양구름들이 부처님 세계 미진수가 있었다.

저 모든 보살들이 낱낱이 다 이와 같은 공양구름을 일으켜 일체 도량의 대중바다에 비 내려서 상속하여 끊어지지 아니하였다.

이러한 구름을 나타내고 나서 세존을 오른쪽으로 한량없이 백천 번을 돌았으며, 그들이 온 방향을 따라서 부처님과 거리가 멀지 않은 곳에 한량없는 갖가지 보배 연꽃 사자좌를 변화

불불원　　화작무량종종보련화사자지좌
佛不遠에 化作無量種種寶蓮華師子之座하고

각어기상　　결가부좌
各於其上에 結跏趺坐하니라

시제보살　소행　청정　광대여해　　득지
是諸菩薩의 所行이 清淨하야 廣大如海하며 得智

혜광　　　조보문법　　수순제불　소행무
慧光하야 照普門法하며 隨順諸佛의 所行無

애　　능입일체변재법해　득부사의해탈
礙하며 能入一切辯才法海하며 得不思議解脫

법문　　주어여래보문지지　이득일체다
法門하며 住於如來普門之地하며 已得一切陀

라니문　　실능용수일체법해　선주삼세
羅尼門하야 悉能容受一切法海하며 善住三世

평등지지　이득심신광대희락　무변복
平等智地하며 已得深信廣大喜樂하며 無邊福

하여 만들고, 각각 그 위에 결가부좌하였다.

이 모든 보살들은 행한 바가 청정하여 광대하기가 바다와 같았다. 지혜광명을 얻어서 보문의 법을 비추며, 모든 부처님께서 걸림 없이 행하신 바를 따르며, 능히 일체 변재의 법바다에 들어가며, 부사의한 해탈법문을 얻었으며, 여래의 보문의 지위에 머물며, 이미 일체 다라니 문을 얻어서 일체 법바다를 다 능히 수용하였다.

삼세가 평등한 지혜의 지위에 잘 머물며, 깊은 믿음과 광대한 희락을 이미 얻었으며, 가없는 복 무더기를 매우 훌륭하고 청정케 하며,

취 극선청정 허공법계 미불관찰 시
聚를 極善淸淨하며 虛空法界를 靡不觀察하며 十

방세계일체국토 소유불흥 함근공양
方世界一切國土의 所有佛興을 咸勤供養하나라

이시 해혜자재신통왕보살마하살 승불
爾時에 海慧自在神通王菩薩摩訶薩이 承佛

위력 보관일체도량중해 즉설송언
威力하야 普觀一切道場衆海하고 卽說頌言하나라

제불소오실이지 여공무애개명조
諸佛所悟悉已知호니 如空無礙皆明照하사

광변시방무량토 처어중회보엄결
光徧十方無量土하야 處於衆會普嚴潔이로다

23

허공 법계를 관찰하지 않음이 없으며, 시방세
계의 일체 국토에 출현하시는 부처님을 다 부
지런히 공양하였다.

그 때에 해혜자재신통왕 보살마하살이 부처
님의 위신력을 받들어 일체 도량의 대중바다
를 널리 살펴보고 게송을 설하여 말씀하였다.

모든 부처님께서 깨달으신 것을 다 이미 아셨으니
허공처럼 걸림 없이 다 밝게 비추셔서
광명이 시방의 한량없는 국토에 두루하시어
대중모임에서 널리 맑게 장엄하시도다.

여래공덕불가량
如來功德不可量이라

시방법계실충만
十方法界悉充滿하사

보좌일체수왕하
普坐一切樹王下하시니

제대자재공운집
諸大自在共雲集이로다

불유여시신통력
佛有如是神通力하사

일념현어무진상
一念現於無盡相하시니

여래경계무유변
如來境界無有邊이어든

각수해탈능관견
各隨解脫能觀見이로다

여래왕석경겁해
如來往昔經劫海에

재어제유근수행
在於諸有勤修行하사

종종방편화중생
種種方便化衆生하야

영피수행제불법
令彼受行諸佛法이로다

여래의 공덕은 헤아릴 수 없음이라
시방 법계에 다 충만하시어
일체 보리수왕 아래에 널리 앉으시니
모든 크게 자재한 이들이 함께 운집하도다.

부처님은 이러한 신통력이 있으셔서
한 생각에 다함없는 형상을 나타내시어
여래의 경계가 끝이 없으시니
각각 해탈함을 따라서 능히 관해 보도다.

여래께서 지난 옛적 겁바다를 지내시며
모든 세간에서 부지런히 수행하시어
갖가지 방편으로 중생들을 교화하셔서
그들에게 모든 부처님 법을 받아 행하게 하시도다.

비로자나구엄호
毗盧遮那具嚴好하사

좌연화장사자좌
坐蓮華藏師子座하시니

일체중회개청정
一切衆會皆淸淨하야

적연이주동첨앙
寂然而住同瞻仰이로다

마니보장방광명
摩尼寶藏放光明하야

보발무변향염운
普發無邊香燄雲하며

무량화영공수포
無量華纓共垂布어든

여시좌상여래좌
如是座上如來坐로다

종종엄식길상문
種種嚴飾吉祥門에

항방등광보염운
恒放燈光寶燄雲하야

광대치연무부조
廣大熾然無不照어든

모니처상증엄호
牟尼處上增嚴好로다

비로자나 부처님께서 상호 장엄을 갖추시어
연화장 사자좌에 앉아계시니
일체 대중모임이 다 청정하여
고요히 머물러서 함께 우러러보도다.

마니보배장에서 광명을 놓아
가없는 향기 나는 불꽃구름을 널리 내며
한량없는 꽃다발을 함께 드리웠는데
이러한 자리 위에 여래께서 앉으셨도다.

갖가지로 장식한 길상문에서
등불 광명 보배불꽃구름을 항상 놓아서
광대하게 치성하여 비추지 아니함이 없는데
석가모니 부처님은 그 위에서 더욱 장엄하시도다.

종종마니기려창
種種摩尼綺麗窓과

묘보연화소수식
妙寶蓮華所垂飾에

항출묘음문자열
恒出妙音聞者悅이어든

불좌기상특명현
佛坐其上特明顯이로다

보륜승좌반월형
寶輪承座半月形이요

금강위대색염명
金剛爲臺色燄明이라

지계보살상위요
持髻菩薩常圍遶어든

불재기중최광요
佛在其中最光耀로다

종종변화만시방
種種變化滿十方하야

연설여래광대원
演說如來廣大願일새

일체영상어중현
一切影像於中現이어든

여시좌상불안좌
如是座上佛安坐로다

갖가지 마니로 된 아름답고 화려한 창과
미묘한 보배연꽃이 드리워진 장식에서
항상 묘음을 내어 듣는 이들이 기뻐하는데
부처님께서 그 위에 앉으셔서 특별히 밝게 나타나시도다.

사자좌를 받들고 있는 보륜은 반달 형상이고
금강으로 된 좌대는 빛이 불꽃처럼 밝으며
육계를 지닌 보살들이 항상 에워싸고 있는데
부처님께서 그 가운데서 가장 빛나시도다.

갖가지 변화가 시방에 가득하여
여래의 광대한 원을 연설하니
일체 영상이 그 가운데 나타나는데
이러한 자리 위에 부처님께서 안좌하셨도다.

이시 뇌음보진보살마하살 승불위력
爾時에 雷音普震菩薩摩訶薩이 承佛威力하야

보관일체도량중해 즉설송언
普觀一切道場衆海하고 卽說頌言하니라

세존왕집보리행 공양시방무량불
世尊往集菩提行에 供養十方無量佛하시니

선서위력소가지 여래좌중무불도
善逝威力所加持로 如來座中無不覩로다

향염마니여의왕 전식묘화사자좌
香燄摩尼如意王으로 塡飾妙華師子座하니

종종장엄개영현 일체중회실명촉
種種莊嚴皆影現하야 一切衆會悉明矚이로다

그 때에 뇌음보진 보살마하살이 부처님의 위

신력을 받들어 일체 도량의 대중바다를 널리

살펴보고 게송을 설하여 말씀하였다.

세존께서 옛적에 보리행을 모으실 때

시방의 한량없는 부처님께 공양하시니

선서의 위신력의 가지하신 바로

여래의 자리에서 보지 않음이 없으시도다.

향기 나는 불꽃 마니의 여의왕으로

묘한 꽃 사자좌를 꾸미니

갖가지 장엄이 다 영상처럼 나타나서

일체 회중이 모두 밝게 보도다.

불좌보현장엄상
佛座普現莊嚴相하야

염념색류각차별
念念色類各差別하니

수제중생해부동
隨諸衆生解不同하야

각견불좌어기상
各見佛坐於其上이로다

보지수포연화망
寶枝垂布蓮華網이어든

화개용현제보살
華開踊現諸菩薩하야

각출미묘열의성
各出微妙悅意聲하야

칭찬여래좌어좌
稱讚如來坐於座로다

불공덕량여허공
佛功德量如虛空이여

일체장엄종차생
一切莊嚴從此生이라

일일지중엄식사
一一地中嚴飾事를

일체중생불능료
一切衆生不能了로다

부처님의 사자좌가 널리 장엄상을 나타내어
순간순간 색상과 종류가 각각 다르니
모든 중생들의 이해가 같지 않음을 따라
부처님께서 그 위에 앉아계심을 각각 보도다.

보배 가지마다 연꽃그물 드리웠는데
꽃이 핌에 모든 보살들이 솟아 나와서
각각 미묘하고 즐거운 음성을 내어
여래께서 사자좌에 앉아계심을 칭찬하도다.

부처님 공덕은 양이 허공과 같으셔서
일체 장엄이 이로부터 생겨나며
낱낱 땅에 장엄하는 일을
일체 중생이 능히 알지 못하도다.

금강위지무능괴
金剛爲地無能壞라

광박청정극이탄
廣博淸淨極夷坦이어든

마니위망수포공
摩尼爲網垂布空하야

보리수하개주변
菩提樹下皆周徧이로다

기지무변색상수
其地無邊色相殊하니

진금위말포기중
眞金爲末布其中이라

보산명화급중보
普散名華及衆寶하야

실이광영여래좌
悉以光瑩如來座로다

지신환희이용약
地神歡喜而踊躍하야

찰나시현무유진
刹那示現無有盡이라

보흥일체장엄운
普興一切莊嚴雲하야

항재불전첨앙주
恒在佛前瞻仰住로다

금강으로 땅이 되어 무너뜨릴 수 없으며
넓고 청정하고 지극히 평탄한데
마니로 된 그물이 공중에 드리워서
보리수 아래에 다 두루하도다.

그 땅은 가없고 색상도 특수하니
진금가루가 두루 덮었으며
이름 있는 꽃과 온갖 보배가 널리 흩어져서
모두 여래의 사자좌를 빛나게 하도다.

땅의 신들이 환희하고 기뻐 뛰어서
찰나마다 나타내 보임도 끝이 없으며
일체 장엄구름을 널리 일으켜서
항상 부처님 앞에서 우러러보고 있도다.

보등광대극치연
寶燈廣大極熾然하야

향염류광무단절
香燄流光無斷絶이라

수시시현각차별
隨時示現各差別하니

지신이차위공양
地神以此爲供養이로다

시방일체찰토중
十方一切刹土中에

피지소유제장엄
彼地所有諸莊嚴을

금차도량무불현
今此道場無不現하시니

이불위신고능이
以佛威神故能爾로다

이시 중보광명계보살마하살 승불위
爾時에 衆寶光明髻菩薩摩訶薩이 承佛威

력 보관일체도량중해 즉설송언
力하야 普觀一切道場衆海하고 卽說頌言하니라

보배 등불은 광대하고 극히 치성하여

향기불꽃 흐르는 빛이 끊이지 않으며

수시로 나타남이 각각 다르니

땅의 신들이 이것으로 공양 올리도다.

시방의 일체 세계 국토 가운데

그 땅에 있는 모든 장엄을

지금 이 도량에 나타내지 않음이 없으시니

부처님의 위신력인 까닭에 능히 그러하도다.

그 때에 중보광명계 보살마하살이 부처님의

위신력을 받들어 일체 도량의 대중바다를 널

리 살펴보고 게송을 설하여 말씀하였다.

세존왕석수행시
世尊往昔修行時에

견제불토개원만
見諸佛土皆圓滿하시니

여시소견지무진
如是所見地無盡을

차도량중개현현
此道場中皆顯現이로다

세존광대신통력
世尊廣大神通力이여

서광보우마니보
舒光普雨摩尼寶하사

여시보장산도량
如是寶藏散道場하시니

기지주회실엄려
其地周迴悉嚴麗로다

여래복덕신통력
如來福德神通力이여

마니묘보보장엄
摩尼妙寶普莊嚴하시니

기지급이보리수
其地及以菩提樹가

체발광음이연설
遞發光音而演說이로다

세존께서 지난 옛적 수행하실 때
모든 부처님 국토가 다 원만함을 보셨으니
이와 같이 보신 땅이 다함없음을
이 도량 가운데 다 나타내시도다.

세존의 광대하신 신통력이여
광명을 놓아 널리 마니보배를 비 내리셔서
이러한 보배장을 도량에 흩으시니
그 땅이 두루 다 장엄하여 화려하도다.

여래의 복덕과 신통력이시여
마니의 묘한 보배로 널리 장엄하시니
그 땅과 보리수가
번갈아 광명과 음성을 내어 연설하도다.

보등무량종공우
寶燈無量從空雨하며

보왕간착위엄식
寶王閒錯爲嚴飾하야

실토미묘연법음
悉吐微妙演法音하니

여시지신지소현
如是地神之所現이로다

보지보현묘광운
寶地普現妙光雲하야

보거염명여전발
寶炬燄明如電發이어든

보망하장부기상
寶網遐張覆其上하며

보지잡포위엄호
寶枝雜布爲嚴好로다

여등보관어차지
汝等普觀於此地에

종종묘보소장엄
種種妙寶所莊嚴하라

현시중생제업해
顯示衆生諸業海하야

영피요지진법성
令彼了知眞法性이로다

보배 등불이 한량없이 하늘에서 비 내리듯 하며
보배왕이 사이사이 섞여 장엄하여서
모두 미묘하게 법을 연설하는 소리를 내니
이러함은 땅의 신들이 나타낸 것이로다.

보배 땅이 미묘한 광명구름을 널리 나타내고
보배 횃불이 밝게 빛남이 번개와 같은데
보배 그물이 넓게 그 위를 덮었으며
보배 가지가 어우러져 아름답게 장엄하였도다.

그대들은 이 땅에
갖가지 묘한 보배로 장엄한 것을 널리 관하라
중생들의 모든 업바다를 나타내 보여
그들에게 참다운 법성을 요달해 알게 하도다.

보변시방일체불
普徧十方一切佛의

소유원만보리수
所有圓滿菩提樹가

막불개현도량중
莫不皆現道場中하야

연설여래청정법
演說如來淸淨法이로다

수제중생심소락
隨諸衆生心所樂하야

기지보출묘음성
其地普出妙音聲호대

여불좌상소응연
如佛座上所應演하야

일일법문함구설
一一法門咸具說이로다

기지항출묘향광
其地恒出妙香光하야

광중보연청정음
光中普演淸淨音하니

약유중생감수법
若有衆生堪受法이면

실사득문번뇌멸
悉使得聞煩惱滅이로다

시방에 널리 두루하신 일체 부처님의
소유하신 원만한 보리수가
도량 가운데 다 나타나서
여래의 청정한 법을 연설하도다.

모든 중생들의 마음에 즐기는 바를 따라
그 땅에서 널리 미묘한 음성을 내되
부처님께서 사자좌에서 알맞게 연설하시듯
낱낱 법문을 모두 갖추어 설하도다.

그 땅이 항상 미묘한 향기 광명을 내어
광명 가운데서 널리 청정한 법음을 연설하니
만약 중생이 법을 감당해 받을 만하면
모두 듣고 번뇌를 멸하게 하도다.

일일장엄실원만
一一莊嚴悉圓滿하니

가사억겁무능설
假使億劫無能說이라

여래신력미부주
如來神力靡不周일새

시고기지개엄정
是故其地皆嚴淨이로다

이시　대지일용맹혜보살마하살　승불위
爾時에 大智日勇猛慧菩薩摩訶薩이 承佛威

력　보관일체도량중해　즉설송언
力하야 普觀一切道場衆海하고 卽說頌言하니라

세존응수처법당
世尊凝睟處法堂하사

병연조요궁전중
炳然照耀宮殿中하사대

수제중생심소락
隨諸衆生心所樂하사

기신보현시방토
其身普現十方土로다

낱낱 장엄이 모두 원만하니
가령 억겁이라도 설할 수 없음이라
여래의 신통한 힘은 두루하지 않음이 없으시니
그러므로 그 땅이 다 장엄하고 깨끗하도다.

그 때에 대지일용맹혜 보살마하살이 부처님
의 위신력을 받들어 널리 일체 도량의 대중바
다를 살펴보고 게송을 설하여 말씀하였다.

세존께서 법당에 앉아 응시하셔서
환하게 궁전 안을 밝게 비추시되
모든 중생들의 마음에 즐거함을 따르시어
그 몸이 시방 국토에 널리 나타나시도다.

여래궁전부사의
如來宮殿不思議라

마니보장위엄식
摩尼寶藏爲嚴飾하니

제장엄구함광요
諸莊嚴具咸光耀어늘

불좌기중특명현
佛坐其中特明顯이로다

마니위주종종색
摩尼爲柱種種色이요

진금령탁여운포
眞金鈴鐸如雲布라

보계사면열성항
寶階四面列成行이요

문달수방함동계
門闥隨方咸洞啓로다

묘화중기장엄장
妙華繪綺莊嚴帳과

보수지조공엄식
寶樹枝條共嚴飾하며

마니영락사면수
摩尼瓔珞四面垂어든

지해어중담연좌
智海於中湛然坐로다

여래의 궁전은 부사의함이라

마니 보배장으로 장엄하였고

모든 장엄구가 다 광명을 비추니

부처님께서 그 가운데 앉으셔서 특별히 드러나시도다.

마니로 된 기둥은 갖가지 색이요

진금으로 된 방울은 구름처럼 펼쳐졌고

보배 계단은 사면으로 줄지어 있으며

문들은 방향 따라 모두 활짝 열려있도다.

묘한 꽃이 새겨진 비단으로 장엄한 휘장과

보배 나뭇가지들로 함께 꾸몄으며

마니 영락이 사면에 드리웠는데

지혜바다 부처님께서 그 가운데 고요히 앉아계시도다.

마니위망묘향당
摩尼爲網妙香幢이요

광염등명약운포
光燄燈明若雲布며

부이종종장엄구
覆以種種莊嚴具어든

초세정지어차좌
超世正知於此坐로다

시방보현변화운
十方普現變化雲이여

기운연설변세간
其雲演說徧世間하야

일체중생실조복
一切衆生悉調伏하니

여시개종불궁현
如是皆從佛宮現이로다

마니위수발묘화
摩尼爲樹發妙華여

시방소유무능필
十方所有無能匹이라

삼세국토장엄사
三世國土莊嚴事가

막불어중현기영
莫不於中現其影이로다

마니로 된 그물과 미묘한 향의 깃대와

불꽃광명 밝은 등불이 구름처럼 펼쳐졌고

갖가지 장엄구로 덮여있는데

세간을 초탈하신 바른 지혜께서 여기에 앉으셨도다.

시방에 널리 나타난 변화한 구름이여

그 구름의 연설이 세간에 두루하여

일체 중생을 다 조복하니

이러함은 모두 부처님 궁전에서 나타났도다.

마니로 된 나무에서 핀 미묘한 꽃이여

시방에 있는 것이 능히 짝할 수 없음이라

삼세 국토의 장엄한 일이

이 가운데 그 영상을 나타내지 않음이 없도다.

처처개유마니취
處處皆有摩尼聚여

광염치연무량종
光燄熾然無量種이라

문유수방상간개
門牖隨方相間開하니

동우장엄극수려
棟宇莊嚴極殊麗로다

여래궁전부사의
如來宮殿不思議라

청정광명구중상
淸淨光明具衆相이어든

일체궁전어중현
一切宮殿於中現하니

일일개유여래좌
一一皆有如來坐로다

여래궁전무유변
如來宮殿無有邊이여

자연각자처기중
自然覺者處其中하시니

시방일체제중회
十方一切諸衆會가

막불향불이래집
莫不向佛而來集이로다

곳곳마다 다 있는 마니 무더기가
불꽃광명 치성하여 종류가 한량없으며
문과 창호들이 방위 따라 서로 사이에 열려있고
용마루와 처마의 장엄이 지극히 수려하도다.

여래의 궁전이 부사의함이라
청정한 광명이 온갖 형상을 갖추었는데
일체 궁전이 그 가운데 나타나니
낱낱마다 여래께서 앉아계시도다.

여래의 궁전이 끝이 없으며
자연히 깨달은 이가 그 가운데 계시니
시방의 일체 모든 중회가
부처님을 향하여 다 모여 왔도다.

이시　부사의공덕보지인보살마하살　승
爾時에 不思議功德寶智印菩薩摩訶薩이 承

불위력　보관일체도량중해　즉설송언
佛威力하야 普觀一切道場衆海하고 卽說頌言하니라

불석수치중복해
佛昔修治衆福海가

일제찰토미진수
一切刹土微塵數라

신통원력소출생
神通願力所出生으로

도량엄정무제구
道場嚴淨無諸垢로다

여의주왕작수근
如意珠王作樹根하고

금강마니이위신
金剛摩尼以爲身이여

보망하시부기상
寶網遐施覆其上하니

묘향분온공선요
妙香氛氳共旋繞로다

그 때에 부사의공덕보지인 보살마하살이 부

처님의 위신력을 받들어 일체 도량의 대중바다

를 널리 살펴보고 게송을 설하여 말씀하였다.

부처님께서 옛적에 닦으신 온갖 복바다가

일체 세계 국토의 미진수라

신통과 원력에서 생겨난 것으로

도량이 깨끗이 장엄되어 모든 때가 없도다.

여의주왕이 나무뿌리가 되고

금강 마니로 몸뚱이가 되었는데

보배 그물이 멀리 펴져 그 위를 덮었으니

미묘한 향기가 가득히 휘돌아 에워쌌도다.

수지엄식비중보
樹枝嚴飾備衆寶하고

마니위간쟁용탁
摩尼爲幹爭聳擢이여

지조밀포여중운
枝條密布如重雲이어든

불어기하좌도량
佛於其下坐道場이로다

도량광대부사의
道場廣大不思議어늘

기수주회진미부
其樹周迴盡彌覆호대

밀엽번화상비영
密葉繁華相庇映하야

화중실결마니과
華中悉結摩尼果로다

일체지간발묘광
一切枝間發妙光호대

기광변조도량중
其光徧照道場中하야

청정치연무유진
淸淨熾然無有盡하니

이불원력여사현
以佛願力如斯現이로다

나뭇가지는 온갖 보배를 갖추어 장엄하였고
마니로 된 줄기는 다투어 우뚝 솟았으며
가지들이 두터운 구름처럼 빽빽이 펼쳐졌는데
부처님께서 그 아래 도량에 앉으셨도다.

도량이 광대하여 부사의함이여
보리수가 두루 가득 덮었는데
우거진 잎과 무성한 꽃들이 서로 덮어 가리고
꽃마다 마니 열매가 맺혀있도다.

일체 가지 사이에서 미묘한 빛을 내어
그 빛이 도량을 두루 비추는데
청정하고 치성하여 다함없으니
부처님의 원력으로 이같이 나타나도다.

마니보장이위화
摩尼寶藏以爲華하니

포영등휘약기운
布影騰輝若綺雲이라

잡수수방무불변
帀樹垂芳無不徧하야

어도량중보엄식
於道場中普嚴飾이로다

여관선서도량중
汝觀善逝道場中에

연화보망구청정
蓮華寶網俱淸淨하라

광염성륜종차현
光燄成輪從此現이요

영음탁향운간발
鈴音鐸響雲閒發이로다

시방일체국토중
十方一切國土中에

소유묘색장엄수
所有妙色莊嚴樹가

보리수중무불현
菩提樹中無不現이어든

불어기하이중구
佛於其下離衆垢로다

마니 보배로 꽃이 되어
빛나는 그림자 펼쳐진 것이 비단구름 같고
나무 둘레에 두루 향기 드리워
도량을 널리 장엄하였도다.

그대들은 선서의 도량 가운데
연꽃과 보배 그물이 함께 청정함을 관하라
불꽃으로 된 바퀴가 여기서 나타나고
방울 소리 풍경 소리가 구름 사이로 울려퍼지도다.

시방의 일체 국토 중에
있는 바 미묘한 색으로 장엄한 나무가
보리수 가운데 나타나지 않음이 없는데
부처님께서 그 아래에서 온갖 때를 여의셨도다.

도량광대복소성
道場廣大福所成이라

수지우보항무진
樹枝雨寶恒無盡하고

보중출현제보살
寶中出現諸菩薩하야

실왕시방공사불
悉往十方供事佛이로다

제불경계부사의
諸佛境界不思議라

보령기수출락음
普令其樹出樂音호대

여석소집보리도
如昔所集菩提道를

중회문음함득견
衆會聞音咸得見이로다

이시　백목연화계보살마하살　승불위력
爾時에　百目蓮華髻菩薩摩訶薩이　承佛威力하야

보관일체도량중해　즉설송언
普觀一切道場衆海하고　卽說頌言하니라

도량이 광대함은 복으로 이루어진 것이라
나뭇가지에서 보배를 비 내림이 항상 다함없고
보배 가운데서 모든 보살들이 출현하여
모두 시방으로 다니며 부처님을 받들어 섬기도다.

모든 부처님의 경계가 부사의함이라
널리 보리수에서 음악 소리를 내게 하셔서
옛적에 닦은 보리도를
회중들이 소리를 듣고 모두 보도다.

그 때에 백목연화계 보살마하살이 부처님의
위신력을 받들어 일체 도량의 대중바다를 널
리 살펴보고 게송을 설하여 말씀하였다.

일체마니출묘음
一切摩尼出妙音하야

칭양삼세제불명
稱揚三世諸佛名이어든

피불무량신통사
彼佛無量神通事를

차도량중개현도
此道場中皆現覩로다

중화경발여영포
衆華競發如纓布하며

광운유연변시방
光雲流演徧十方이어늘

보리수신지향불
菩提樹神持向佛하야

일심첨앙위공양
一心瞻仰爲供養이로다

마니광염실성당
摩尼光燄悉成幢하야

당중치연발묘향
幢中熾然發妙香이어든

기향보훈일체중
其香普薰一切衆일새

시고기처개엄결
是故其處皆嚴潔이로다

일체 마니에서 미묘한 소리를 내어
삼세 모든 부처님 명호를 칭양하니
그 부처님의 한량없는 신통한 일을
이 도량 가운데서 다 환하게 보도다.

온갖 꽃이 활짝 피어 꽃다발을 드리운 듯하며
광명구름이 흘러나와 시방에 두루한데
보리수 신이 받들고 부처님을 향하여
일심으로 우러러보며 공양 올리도다.

마니광명 불꽃이 모두 깃대가 되고
깃대 가운데 치성하게 미묘한 향기를 내는데
그 향기가 일체 대중에게 널리 풍기니
그러므로 그곳은 다 장엄하고 청정하도다.

연화수포금색광
蓮華垂布金色光하니

기광연불묘성운
其光演佛妙聲雲하야

보음시방제찰토
普蔭十方諸刹土하야

영식중생번뇌열
永息衆生煩惱熱이로다

보리수왕자재력
菩提樹王自在力이여

상방광명극청정
常放光明極淸淨하니

시방중회무유변
十方衆會無有邊하야

막불영현도량중
莫不影現道場中이로다

보지광염약명등
寶枝光燄若明燈하야

기광연음선대원
其光演音宣大願호대

여불왕석어제유
如佛往昔於諸有에

본소수행개구설
本所修行皆具說이로다

연꽃이 금빛 광명을 드리워 펼치니
그 광명이 부처님의 미묘한 음성구름을 내어
시방의 모든 세계 국토를 널리 덮어서
중생들의 번뇌열을 길이 식히도다.

보리수왕의 자재한 힘이여
항상 광명을 놓아 지극히 청정하니
시방의 가없는 대중모임이
도량 가운데 그림자처럼 다 나타나도다.

보배 가지의 불꽃 광명이 밝은 등불 같고
그 광명이 소리 내어 큰 서원을 말하는데
부처님께서 지난 옛적 모든 세간에서
본래 수행하신 대로 다 구족하게 연설하도다.

수하제신찰진수
樹下諸神刹塵數가

실공의어차도량
悉共依於此道場하야

각각여래도수전
各各如來道樹前에

염념선양해탈문
念念宣揚解脫門이로다

세존왕석수제행
世尊往昔修諸行에

공양일체제여래
供養一切諸如來와

본소수행급명문
本所修行及名聞이

마니보중개실현
摩尼寶中皆悉現이로다

도량일체출묘음
道場一切出妙音하니

기음광대변시방
其音廣大徧十方이라

약유중생감수법
若有衆生堪受法이면

막불조복영청정
莫不調伏令清淨이로다

나무 아래에 세계 티끌 수 같은 모든 신들이

다 함께 이 도량을 의지하여

각각 여래의 보리도 나무 앞에서

생각생각 해탈문을 선양하도다.

세존께서 지난 옛적 모든 행을 닦으실 때

일체 모든 여래께 공양하심과

본래 수행하신 것과 명성이

마니보배 가운데 모두 다 나타나도다.

도량의 일체가 묘음을 내니

그 소리가 광대하여 시방에 두루함이라

만약 중생이 법을 감당해 받을 만하면

조복하여 청정하게 하지 않음이 없도다.

여래왕석보수치
如來往昔普修治

일체무량장엄사
一切無量莊嚴事일새

시방일체보리수
十方一切菩提樹에

일일장엄무량종
一一莊嚴無量種이로다

이시　금염원만광보살마하살　승불위력
爾時에 **金燄圓滿光菩薩摩訶薩**이 **承佛威力**하야

보관일체도량중해　즉설송언
普觀一切道場衆海하고 **卽說頌言**하니라

불석수습보리행
佛昔修習菩提行하사

어제경계해명료
於諸境界解明了일새

처여비처정무의
處與非處淨無疑하시니

차시여래초지력
此是如來初智力이로다

여래께서 지난 옛적에 널리 닦으신
일체 한량없는 장엄한 일을
시방의 일체 보리수마다
낱낱이 장엄하여 한량없는 종류로다.

그 때에 금염원만광 보살마하살이 부처님의
위신력을 받들어 일체 도량의 대중바다를 널
리 살펴보고 게송을 설하여 말씀하였다.

부처님께서 옛적에 보리행을 닦으시어
모든 경계에 이해가 명료하셔서
옳은 곳과 옳지 않은 곳에 밝아 의심이 없으시니
이것은 여래의 첫째 지혜의 힘이로다.

여석등관제법성
如昔等觀諸法性하사

일체업해개명철
一切業海皆明徹일새

여시금어광망중
如是今於光網中에

보변시방능구연
普徧十方能具演이로다

왕겁수치대방편
往劫修治大方便하사

수중생근이화유
隨衆生根而化誘하야

보사중회심청정
普使衆會心淸淨일새

고불능성근지력
故佛能成根智力이로다

여제중생해부동
如諸衆生解不同하야

욕락제행각차별
欲樂諸行各差別이어늘

수기소응위설법
隨其所應爲說法하시니

불이지력능여시
佛以智力能如是로다

옛적에 평등히 모든 법성을 관찰하시어
일체 업바다를 다 밝게 아신 것과 같이
그러하게 지금도 광명 그물 속에서
널리 온 시방에 갖추어 연설하시도다.

지난 겁에 큰 방편을 닦으시어
중생들의 근기를 따라 교화하셔서
널리 회중들의 마음을 청정하게 하시니
그러므로 부처님은 근기 아는 지혜의 힘을 이루셨도다.

모든 중생들의 이해가 같지 않듯이
욕락과 모든 행이 각각 달라서
그 적당함을 따라 법을 설하시니
부처님께서 지혜 힘으로 이와 같이 하시도다.

보진시방제찰해
普盡十方諸刹海의

소유일체중생계
所有一切衆生界를

불지평등여허공
佛智平等如虛空하사

실능현현모공중
悉能顯現毛孔中이로다

일체처행불진지
一切處行佛盡知하사대

일념삼세필무여
一念三世畢無餘하사

시방찰겁중생시
十方刹劫衆生時를

실능개시영현료
悉能開示令現了로다

선정해탈력무변
禪定解脫力無邊이요

삼매방편역부연
三昧方便亦復然이어늘

불위시현영환희
佛爲示現令歡喜하사

보사척제번뇌암
普使滌除煩惱闇이로다

널리 온 시방 모든 세계 바다의
있는 바 일체 중생계를
부처님 지혜의 평등함이 허공과 같으셔서
모공 가운데 다 나타내시도다.

일체 처와 행을 부처님께서 다 아시되
한 생각에 삼세가 다 남음이 없어서
시방의 세계와 겁과 중생의 시간을
다 열어 보여 알게 하시도다.

선정과 해탈의 힘은 끝이 없고
삼매와 방편도 또한 그러한데
부처님께서 시현하여 환희케 하셔서
널리 번뇌의 어두움을 씻어 없애게 하시도다.

불지무애포삼세
佛智無礙包三世라

찰나실현모공중
刹那悉現毛孔中하시니

불법국토급중생
佛法國土及衆生의

소현개유수염력
所現皆由隨念力이로다

불안광대여허공
佛眼廣大如虛空하사

보견법계진무여
普見法界盡無餘하시니

무애지중무등용
無礙地中無等用이여

피안무량불능연
彼眼無量佛能演이로다

일체중생구제결
一切衆生具諸結하며

소유수면여습기
所有隨眠與習氣를

여래출현변세간
如來出現徧世間하사

실이방편영제멸
悉以方便令除滅이로다

부처님의 지혜는 걸림 없어 삼세를 포함하고
찰나에 모공 가운데 다 나타내시니
불법과 국토와 중생들의
나타난 것은 다 생각을 따른 지혜의 힘 때문이로다.

부처님 눈은 광대하기가 허공과 같아서
널리 법계를 보아 다 남음이 없으시니
걸림 없는 지위 가운데 짝이 없는 작용이여
그 눈이 한량없음을 부처님께서 연설하시도다.

일체 중생의 모든 번뇌와
있는 바 수면과 습기를
여래께서 온 세간에 출현하셔서
모두 방편으로 멸하여 없애주시도다.

이시　법계보음보살마하살　승불위력
爾時에 法界普音菩薩摩訶薩이 承佛威力하야

보관일체도량중회해이　즉설송언
普觀一切道場衆會海已하고 卽說頌言하니라

불위신력변시방　　광대시현무분별
佛威神力徧十方하사 廣大示現無分別하시며

대보리행바라밀　　석소만족개령견
大菩提行波羅蜜의 昔所滿足皆令見이로다

석어중생기대비　　수행보시바라밀
昔於衆生起大悲하사 修行布施波羅蜜하실새

이시기신최수묘　　능령견자생환희
以是其身最殊妙하사 能令見者生歡喜로다

그 때에 법계보음 보살마하살이 부처님의 위
신력을 받들어 일체 도량의 대중모임바다를 널
리 살펴보고 나서 게송을 설하여 말씀하였다.

부처님의 위신력이 시방에 두루하셔서
광대하게 시현하여 분별이 없으시며
큰 보리행과 바라밀의
옛적에 만족하신 것을 다 보게 하시도다.

옛적에 중생들에게 대비를 일으키시어
보시바라밀을 수행하셨으니
그리하여 그 몸이 가장 특수하고 미묘하셔서
보는 이들이 환희하게 하시도다.

석재무변대겁해
昔在無邊大劫海하사

수치정계바라밀
修治淨戒波羅蜜하실새

고획정신변시방
故獲淨身徧十方하사

보멸세간제중고
普滅世間諸重苦로다

왕석수행인청정
往昔修行忍淸淨하사

신해진실무분별
信解眞實無分別이실새

시고색상개원만
是故色相皆圓滿하사

보방광명조시방
普放光明照十方이로다

왕석근수다겁해
往昔勤修多劫海하사

능전중생심중장
能轉衆生深重障하실새

고능분신변시방
故能分身徧十方하사

실현보리수왕하
悉現菩提樹王下로다

옛적에 가없는 큰 겁바다에서
청정한 계바라밀을 닦으셨으니
그러므로 청정한 몸을 얻어 시방에 두루하시어
널리 세간의 모든 무거운 고통을 소멸하셨도다.

지난 옛적에 청정한 인욕을 수행하시어
믿고 이해함이 진실하여 분별이 없으셨으니
그러므로 색상이 다 원만하셔서
널리 광명을 놓아 시방을 비추시도다.

지난 옛적 많은 겁 동안 부지런히 닦으셔서
능히 중생들의 깊고 무거운 업장을 바꾸셨으니
그러므로 몸을 시방에 두루 나누시어
보리수왕 아래에 다 나타내시도다.

불구수행무량겁
佛久修行無量劫하사

선정대해보청정
禪定大海普清淨이실새

고령견자심환희
故令見者深歡喜하야

번뇌장구실제멸
煩惱障垢悉除滅이로다

여래왕수제행해
如來往修諸行海에

구족반야바라밀
具足般若波羅蜜이실새

시고서광보조명
是故舒光普照明하사

극진일체우치암
克殄一切愚癡暗이로다

종종방편화중생
種種方便化衆生하사

영소수치실성취
令所修治悉成就실새

일체시방개변왕
一切十方皆徧往하며

무변제겁불휴식
無邊際劫不休息이로다

부처님께서 오래도록 무량겁을 수행하셔서

선정의 큰 바다가 널리 청정하시니

그러므로 보는 이들이 깊이 환희하여

번뇌장의 때를 다 없애서 소멸하게 하시도다.

여래께서 옛적에 모든 행바다를 닦으시어

반야바라밀을 구족하셨으니

그러므로 광명을 펼쳐 널리 조명하셔서

일체 어리석은 어두움을 다 소멸하셨도다.

갖가지 방편으로 중생들을 교화하셔서

닦는 것마다 모두 성취하게 하시니

일체 시방에 다 두루 다니시며

가없는 겁 동안 휴식하지 않으셨도다.

불석수행대겁해
佛昔修行大劫海_{하사}

정치제원바라밀
淨治諸願波羅蜜_{이실새}

시고출현변세간
是故出現徧世間_{하사}

진미래제구중생
盡未來際救衆生_{이로다}

불무량겁광수치
佛無量劫廣修治

일체법력바라밀
一切法力波羅蜜_{이실새}

유시능성자연력
由是能成自然力_{하사}

보현시방제국토
普現十方諸國土_{로다}

불석수치보문지
佛昔修治普門智_{하사}

일체지성여허공
一切智性如虛空_{이실새}

시고득성무애력
是故得成無礙力_{하사}

서광보조시방찰
舒光普照十方刹_{이로다}

부처님께서 옛적 큰 겁바다 동안 수행하시어
모든 원바라밀을 깨끗이 닦으셨으니
그러므로 온 세간에 출현하셔서
미래제가 다하도록 중생들을 구제하시도다.

부처님께서 한량없는 겁 동안
일체 법의 역바라밀을 널리 닦으셨으니
이로 말미암아 능히 자연력을 이루시어
시방의 모든 국토에 널리 나타나시도다.

부처님께서 옛적에 보문의 지혜를 닦으셔서
일체 지혜 성품이 허공과 같으시니
그러므로 걸림 없는 힘을 이루시어
광명을 펴서 시방세계를 널리 비추시도다.

이시　운음정월보살마하살　승불위력
爾時에 雲音淨月菩薩摩訶薩이 承佛威力하야

보관일체도량중회해이　즉설송언
普觀一切道場衆會海已하고 卽說頌言하니라

신통경계등허공
神通境界等虛空하사

시방중생미불견
十方衆生靡不見하니

여석수행소성지
如昔修行所成地를

마니과중함구설
摩尼果中咸具說이로다

청정근수무량겁
清淨勤修無量劫하사

입어초지극환희
入於初地極歡喜일새

출생법계광대지
出生法界廣大智하사

보견시방무량불
普見十方無量佛이로다

그 때에 운음정월 보살마하살이 부처님의 위신

력을 받들어 일체 도량의 대중모임바다를 널리

살펴보고 나서 게송을 설하여 말씀하였다.

신통한 경계가 허공과 같으셔서

시방의 중생들이 보지 못함이 없으니

옛적에 수행하여 이루신 지위를

마니 열매 속에서 다 갖추어 설하시도다.

한량없는 겁 동안 청정하게 부지런히 닦으셔서

초지에 들어가 지극히 환희하시니

법계의 광대한 지혜를 내셔서

널리 시방의 한량없는 부처님을 보시도다.

일체법중이구지
一切法中離垢地에

등중생수지정계
等衆生數持淨戒하시니

이어다겁광수행
已於多劫廣修行하사

공양무변제불해
供養無邊諸佛海로다

적집복덕발광지
積集福德發光地에

사마타장견고인
奢摩他藏堅固忍이라

법운광대실이문
法雲廣大悉已聞하시니

마니과중여시설
摩尼果中如是說이로다

염해혜명무등지
欲海慧明無等地에

선료경계기자비
善了境界起慈悲하시고

일체국토평등신
一切國土平等身을

여불소치개연창
如佛所治皆演暢이로다

일체 법 가운데 이구지에서
중생과 같은 수의 청정한 계를 지니시니
이미 많은 겁 동안 널리 수행하셔서
가없는 모든 부처님바다에 공양하셨도다.

복덕을 쌓으신 발광지에서
사마타의 법장과 견고한 인욕이라
광대한 법의 구름을 다 이미 들으셨으니
마니 열매 속에서 이와 같이 설하시도다.

불꽃바다의 밝은 지혜와 짝 없는 지위에서
경계를 잘 알아 자비를 일으키시고
일체 국토와 평등한 몸을
부처님께서 닦으신 대로 다 연설하시도다.

보장등문난승지
普藏等門難勝地에

동적상순무위반
動寂相順無違反하며

불법경계실평등
佛法境界悉平等하시니

여불소정개능설
如佛所淨皆能說이로다

광대수행혜해지
廣大修行慧海地에

일체법문함변료
一切法門咸徧了하고

보현국토여허공
普現國土如虛空하시니

수중연창차법음
樹中演暢此法音이로다

주변법계허공신
周徧法界虛空身과

보조중생지혜등
普照衆生智慧燈이여

일체방편개청정
一切方便皆淸淨하시니

석소원행금구연
昔所遠行今具演이로다

넓은 창고와 평등한 문의 난승지에
움직임과 고요함이 서로 따라 어김이 없으며
불법의 경계가 모두 평등하니
부처님께서 밝히신 바와 같이 다 설하시도다.

광대하게 수행하신 지혜바다의 지위에서
일체 법문을 다 두루 요달하시고
국토에 널리 나타나심이 허공과 같으니
나무 가운데서 이 법음을 펴시도다.

온 법계에 두루하신 허공신과
중생들을 널리 비추시는 지혜의 등불이여
일체 방편이 다 청정하시니
옛적에 원행하신 것을 이제 갖추어 연설하시도다.

일 체 원 행 소 장 엄
一切願行所莊嚴으로

무 량 찰 해 개 청 정
無量刹海皆淸淨하야

소 유 분 별 무 능 동
所有分別無能動이여

차 무 등 지 함 선 설
此無等地咸宣說이로다

무 량 경 계 신 통 력
無量境界神通力과

선 입 교 법 광 명 력
善入敎法光明力이여

차 시 청 정 선 혜 지
此是淸淨善慧地니

겁 해 소 행 개 비 천
劫海所行皆備闡이로다

법 운 광 대 제 십 지
法雲廣大第十地여

함 장 일 체 변 허 공
含藏一切徧虛空이라

제 불 경 계 성 중 연
諸佛境界聲中演하시니

차 성 시 불 위 신 력
此聲是佛威神力이로다

일체 원과 행으로 장엄하신 바
한량없는 세계바다가 다 청정하여
있는 바 분별로 움직일 수 없으니
이것은 무등지에서 다 연설하셨도다.

한량없는 경계와 신통한 힘과
교법에 잘 들어간 광명의 힘이여
이것은 청정한 선혜지이니
겁바다 동안 행하신 바를 다 갖추어 천명하셨도다.

법의 구름이 광대한 제십지여
일체를 함장하여 허공에 두루함이라
모든 부처님의 경계를 소리 가운데 펴시니
이 소리는 부처님의 위신력이로다.

이시　선용맹광당보살마하살　승불위신
爾時에 **善勇猛光幢菩薩摩訶薩**이 **承佛威神**하야

관찰시방　즉설송언
觀察十方하고 **卽說頌言**하니라

무량중생처회중
無量衆生處會中에

종종신해심청정
種種信解心淸淨하야

실능오입여래지
悉能悟入如來智하며

요달일체장엄경
了達一切莊嚴境이로다

각기정원수제행
各起淨願修諸行하야

실증공양무량불
悉曾供養無量佛일새

능견여래진실체
能見如來眞實體와

급이일체제신변
及以一切諸神變이로다

그 때에 선용맹광당 보살마하살이 부처님의 위신력을 받들어 시방을 관찰하고 게송을 설하여 말씀하였다.

한량없는 중생들이 모임 가운데서
갖가지 신해로 마음이 청정하여
다 여래의 지혜에 깨달아 들어가서
일체 장엄 경계를 요달하였도다.

각각 청정한 원을 세워 모든 행을 닦아서
모두 일찍이 한량없는 부처님께 공양 올렸으니
여래의 진실한 본체와
일체 모든 신통변화를 능히 보았도다.

혹유능견불법신
或有能見佛法身이

무등무애보주변
無等無礙普周徧하사

소유무변제법성
所有無邊諸法性이

실입기신무부진
悉入其身無不盡이로다

혹유견불묘색신
或有見佛妙色身이

무변색상광치연
無邊色相光熾然하사

수제중생해부동
隨諸衆生解不同하야

종종변현시방중
種種變現十方中이로다

혹견무애지혜신
或見無礙智慧身이

삼세평등여허공
三世平等如虛空하사

보수중생심락전
普隨衆生心樂轉하야

종종차별개령견
種種差別皆令見이로다

혹은 부처님의 법신을 보니
같음도 없고 걸림도 없이 널리 두루하셔서
있는 바 가없는 모든 법성이
그 몸에 모두 다 들어가도다.

혹은 부처님의 미묘한 색신을 보니
가없는 색상에 광명이 치성하시어
모든 중생들의 이해가 같지 않음을 따라
갖가지로 시방 가운데 변화하여 나타나시도다.

혹은 걸림 없는 지혜의 몸을 보니
삼세에 평등하여 허공과 같으셔서
널리 중생들의 마음에 즐김을 따라 변하시어
갖가지 차별을 다 보게 하시도다.

혹유능료불음성
或有能了佛音聲이

보변시방제국토
普徧十方諸國土하사

수제중생소응해
隨諸衆生所應解하야

위출언음무장애
爲出言音無障礙로다

혹견여래종종광
或見如來種種光이

종종조요변세간
種種照耀徧世間하며

혹유어불광명중
或有於佛光明中에

부견제불현신통
復見諸佛現神通이로다

혹유견불해운광
或有見佛海雲光이

종모공출색치연
從毛孔出色熾然하야

시현왕석수행도
示現往昔修行道하사

영생심신입불지
令生深信入佛智로다

혹은 부처님의 음성이

널리 시방의 모든 국토에 두루하시어

모든 중생들이 응당 이해하는 바를 따라서

소리를 내는 데 장애가 없음을 요달하였도다.

혹은 여래의 갖가지 광명이

온 세간을 갖가지로 비추심을 보며

혹은 부처님의 광명 가운데서

다시 모든 부처님께서 신통을 나타내심을 보도다.

혹은 부처님의 바다 구름 광명을 보니

모공에서 나와 빛이 치성하여

지난 옛적 수행하신 도를 나타내 보여서

깊은 믿음을 내어 부처님 지혜에 들게 하시도다.

혹견불상복장엄
或見佛相福莊嚴하고

급견차복소종생
及見此福所從生하며

왕석수행제도해
往昔修行諸度海를

개불상중명료견
皆佛相中明了見이로다

여래공덕불가량
如來功德不可量과

충만법계무변제
充滿法界無邊際와

급이신통제경계
及以神通諸境界를

이불력고능선설
以佛力故能宣說이로다

이시　화장장엄세계해　이불신력　기지
爾時에 華藏莊嚴世界海가 以佛神力으로 其地

일체　육종십팔상　진동　소위동　변동
一切가 六種十八相으로 震動하니 所謂動과 徧動과

60

혹은 부처님 상호의 복덕 장엄을 보고

이 복덕이 생겨난 곳을 보며

지난 옛적 수행하신 모든 바라밀바다를

다 부처님 상호에서 밝게 보도다.

여래의 공덕이 헤아릴 수 없음과

법계에 충만하여 끝이 없음과

신통의 모든 경계를

부처님의 힘으로 능히 연설하도다.

그 때에 화장장엄세계해가 부처님의 위신력

으로 그 땅의 일체가 여섯 가지 열여덟 모양으

로 진동하였다. 이른바 흔들흔들하고 두루 흔

들흔들하고 널리 두루 흔들흔들하며, 들먹들

보변동 기 변기 보변기 용 변용 보
普徧動과 起와 徧起와 普徧起와 踊과 徧踊과 普

변용 진 변진 보변진 후 변후 보변
徧踊과 震과 徧震과 普徧震과 吼와 徧吼와 普徧

후 격 변격 보변격
吼와 擊과 徧擊과 普徧擊이니라

차제세주 일일개현부사의제공양운 우
此諸世主가 一一皆現不思議諸供養雲하야 雨

어여래도량중해 소위일체향화장엄운
於如來道場衆海하니 所謂一切香華莊嚴雲과

일체마니묘식운 일체보염화망운 무변
一切摩尼妙飾雲과 一切寶燄華網雲과 無邊

종류마니보원광운 일체중색보진주장운
種類摩尼寶圓光雲과 一切衆色寶眞珠藏雲과

일체보전단향운 일체보개운 청정묘성
一切寶栴檀香雲과 一切寶蓋雲과 淸淨妙聲

먹하고 두루 들먹들먹하고 널리 두루 들먹들먹하며, 울쑥불쑥하고 두루 울쑥불쑥하고 널리 두루 울쑥불쑥하며, 우르르하고 두루 우르르하고 널리 두루 우르르하며, 와르릉하고 두루 와르릉하고 널리 두루 와르릉하며, 와지끈하고 두루 와지끈하고 널리 두루 와지끈하였다.

이 모든 세주들이 낱낱이 다 부사의한 모든 공양구름을 나타내어 여래도량의 대중바다에 비 내렸다. 이른바 일체 향기 나는 꽃으로 장엄한 구름과, 일체 마니로 묘하게 꾸민 구름과, 일체 보배 불꽃이 빛나는 그물구름과, 가없는 종류의 마니보배가 원만한 광명구름과,

마니왕운   일광마니영락륜운   일체보광명
摩尼王雲과 日光摩尼瓔珞輪雲과 一切寶光明

장운   일체각별장엄구운   여시등제공양
藏雲과 一切各別莊嚴具雲이라 如是等諸供養

운   기수무량   불가사의
雲이 其數無量하야 不可思議러라

차제세주   일일개현여시공양운   우어
此諸世主가 一一皆現如是供養雲하야 雨於

여래도량중해   미불주변   여차세계중
如來道場衆海호대 靡不周徧하니 如此世界中에

일일세주   심생환희   여시공양   기
一一世主가 心生歡喜하야 如是供養인달하야 其

화장장엄세계해중   일체세계   소유세주
華藏莊嚴世界海中에 一切世界의 所有世主도

실역여시   이위공양
悉亦如是하야 而爲供養하니라

일체 온갖 색의 보배 진주 창고구름과, 일체 보배 전단향구름과, 일체 보배 덮개구름과, 청정하고 묘한 소리의 마니왕구름과, 일광 마니 영락의 바퀴구름과, 일체 보배 광명 창고구름과, 일체 각기 다른 장엄구구름이었다. 이와 같은 등 모든 공양구름들이 그 수가 한량이 없어서 불가사의하였다.

이 모든 세주들이 낱낱이 다 이러한 공양구름을 나타내어 여래 도량의 대중바다에 비 내려 두루하지 않음이 없었다. 이러한 세계 가운데 낱낱 세주가 마음에 환희하여 이처럼 공양하듯이, 그 화장장엄세계해 가운데 일체 세계

기일체세계중　　실유여래　　좌어도량　　일
其一切世界中에 悉有如來가 坐於道場하사 一

일세주　　각각신해　　각각소연　　각각삼매방
一世主가 各各信解와 各各所緣과 各各三昧方

편문　　각각수습조도법　　각각성취　　각각환
便門과 各各修習助道法과 各各成就와 各各歡

희　　각각취입　　각각오해제법문　　각각입여
喜와 各各趣入과 各各悟解諸法門으로 各各入如

래신통경계　　각각입여래력경계　　각각입
來神通境界하며 各各入如來力境界하며 各各入

여래해탈문　　여어차화장세계해　　시방
如來解脫門하니라 如於此華藏世界海하야 十方

진법계허공계　　일체세계해중　　실역여시
盡法界虛空界의 一切世界海中에도 悉亦如是하니라

〈大方廣佛華嚴經 卷第五〉

의 세주들도 모두 또한 이와 같이 공양하였다.

그 일체 세계 가운데 모두 여래가 계시어 도량에 앉으시니, 낱낱 세주가 각각 믿고 이해함과 각각 반연한 바와 각각의 삼매 방편문과 각각의 조도법 닦음과 각각의 성취와 각각의 환희와 각각의 나아가 들어감과 각각의 깨달아 아는 모든 법문으로, 각각 여래의 신통경계에 들어가며 각각 여래의 힘의 경계에 들어가며 각각 여래의 해탈문에 들어갔다. 이 화장장엄세계해에서와 같이 시방의 온 법계 허공계의 일체 세계해에서도 모두 또한 이와 같았다.

〈대방광불화엄경 제5권〉

大方廣佛華嚴經

부록

·

대방광불화엄경 목차

·

간행사

대방광불화엄경
목차

간 행 사

　귀의삼보 하옵고,

『대방광불화엄경』의 수지 독송과 유통을 발원하면서 수미정사 불전연구원에서 『독송본 한문·한글역 대방광불화엄경』과 『사경본 한글역 대방광불화엄경』을 편찬하여 간행하게 되었습니다.

『화엄경』은 우리나라에 전래된 이래 일찍부터 사경되고 주석·강설되어 왔으며 근현대에 이르러서는 『화엄경』의 한글 번역과 연구도 부쩍 많이 이루어졌습니다. 그만큼 『화엄경』이 우리 불자님들의 신행과 해탈에 큰 의지처가 되었던 것임을 알 수 있습니다.

『화엄경』을 독송하고 사경하는 공덕은 설법 공덕과 함께 크게 강조되어 왔습니다. 그리하여 수미정사 불전연구원에서도 『화엄경』(80권)을 독송하고 사경하는 데 도움이 되도록 한문 원문과 한글역을 함께 수록한 독송본과 한글역의 사경본 『화엄경』 간행불사를 발원하였습니다. 이 『화엄경』 간행불사에 뜻을 같이하여 적극 후원해주신 스님들과 재가 불자님들께 깊이 감사드립니다. 또한 『화엄경』을 수지 독송할 수 있도록 경책의 모습으로 장엄해 주신 편집위원들과 담앤북스 출판사 관계자들께도 고마움을 표합니다.

　끝으로 이 불사의 원만 회향으로 『화엄경』이 널리 유통되고, 온 법계에 부처님의 가피가 충만하시길 기원드립니다.

　나무 대방광불화엄경

불기 2564년 '부처님오신날'을 봉축하며
수미해주 합장

위태천신(동진보살)

수미해주 須彌海住

동국대학교 명예교수
중앙승가대학교 법인이사
대한불교조계종 수미정사 주지

독송본 한문·한글역

대방광불화엄경 제5권

| **초판 1쇄 발행_** 2020년 8월 24일

| **엮은이_** 수미해주
| **엮은곳_** 수미정사 불전연구원
| **편집위원_** 해주 수정 경진 선초 정천 석도 박보람 최원섭
| **편집보_** 동건 무이 무진 김지예

| **펴낸이_** 오세룡
| **펴낸곳_** 담앤북스
　　　　　서울특별시 종로구 새문안로3길 23 경희궁의 아침 4단지 805호
　　　　　대표전화 02)765-1251 전송 02)764-1251 전자우편 damnbooks@hanmail.net
　　　　　출판등록 제300-2011-115호
| **ISBN_** 979-11-6201-242-0 04220

정가 15,000원
ⓒ 수미해주 2020